This Book Belongs to:

_____

MAZE 1

WORD SEARCH 1

```
K  P  B  N  B  F  R  V  P  D  U  J  H  D  L  C  G  K
T  L  L  V  P  Q  L  A  V  H  G  E  E  T  B  A  V  B
H  E  E  T  T  F  K  A  L  X  L  L  A  F  M  L  K  G
R  Q  I  T  C  G  D  L  V  W  I  D  P  T  D  X  K  S
H  T  T  U  O  E  K  A  T  V  U  F  O  R  V  V  T  X
N  K  P  K  A  R  A  I  E  S  O  Z  L  I  Q  H  D  I
R  M  G  P  V  L  L  R  K  B  L  R  U  H  Q  F  X  P
R  B  T  A  Z  V  Y  A  L  J  W  A  F  S  W  I  F  G
P  I  I  N  D  Q  M  O  I  J  T  B  I  M  R  L  O  D
D  D  G  U  A  A  F  U  A  R  C  C  M  C  P  Q  L  B
K  G  E  Q  R  R  H  E  Z  E  E  F  L  X  E  U  C  A
L  X  X  J  G  Q  U  J  H  S  L  Z  A  L  X  P  T  U
D  I  N  E  I  N  O  A  L  C  M  Z  Z  J  M  K  S  R
E  F  R  M  S  B  O  I  T  Q  R  N  A  I  I  A  C  E
P  E  E  A  O  M  C  Q  I  S  Q  X  X  B  P  Z  N  Q
L  A  M  H  I  E  S  T  B  X  E  U  N  E  M  Z  E  D
C  W  U  X  X  J  N  V  H  V  J  R  X  C  S  I  C  R
N  Z  P  I  S  U  D  B  J  S  E  K  K  Q  O  P  E  N
```

Chef	Menu	Restaurant	Takeout
Delivery	Pizza	Slice	
Dine-in	Pizzeria	Specials	

GRID - 1

2		3	
	4		1
	2		3
1		4	

GRID - 2

		3	4
3		1	
2	1		
	3		1

Word Scramble 1

PZAZI	
TSUNRAREAT	
RZPIEZAI	
EICLS	
ERIVLYDE	
UTTAKEO	
NEIIN-D	
EUNM	
LCISSAPE	
CFHE	

MAZE 2

Easy

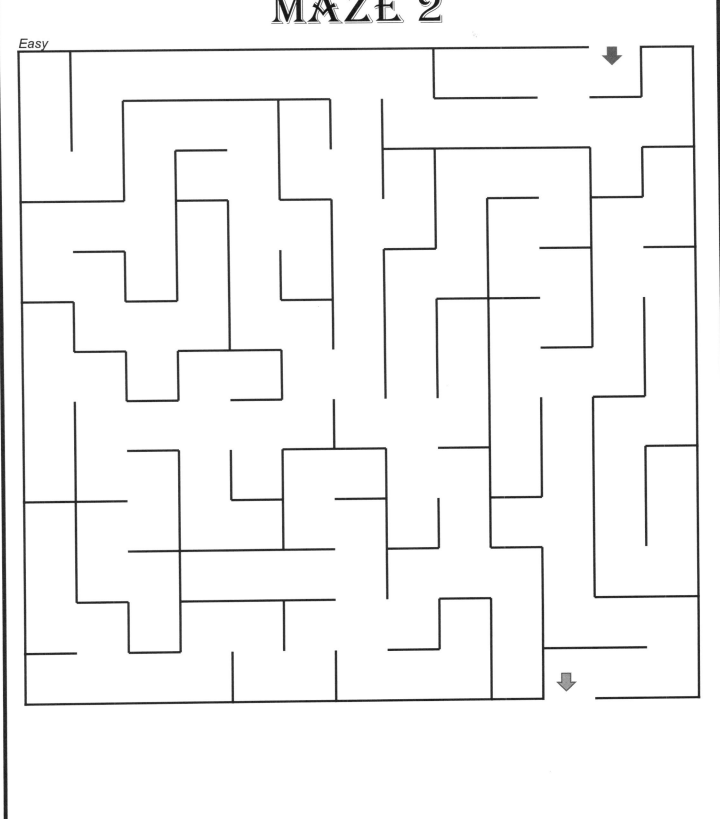

GRID - 1

Easy

	8	6	1	7	5	3		4
5	1		3	4	2		8	9
2			9		6	7		1
7		3		6	1	4	9	
	5	9					7	6
6		8				5	1	3
4	6					9		7
	7			9	3	1	4	5
		5	4	1		8		

GRID - 2

Easy

3			5	7		4	2	1
		2	3	9	6			7
7	8	5				3		
8		4		5	1			
	7			3	2	5		4
2	5	1		4	9		3	8
5							6	3
9	2		4	6	3		8	5
1	6	3	2		5	7	4	

WORD SEARCH 2

```
A M V A J Q R J Z H G A P Z Q S L E
C U K J I I N O R E P P E P K Z T S
N A I I A W A H C M V C G L A W J S
G S W C E P T V T U N R W J Q S I U
B E L I X C P D F R K M V S J Q J J
Z O G X H N C Q E L E L H S J W N M
Z I E E R F N E T U L G O V E N A A
C M E O M C D J X W J K O C W E I V
J S G M A L P F K N B R Q A T V R E
E T L I R P N L F R L G N A Q Q A J
J O Z H G P U M U Q E D E A C W T K
J P W M H S I I A C M M A D R K X E M
J P S G E K W D I Q N N U M W N G J
N I U Z R Q A E O Z L S I Q G D E F
R N L G I N T Q Q J T U Q H P X V M
W G Z E T L D C H S Q O M B F C K M
I S L L A R X W J S O K W E V J N N
T W N J N J Q Q N A G E V A I J D S
```

Cheese   Hawaiian   Pepperoni   Vegetarian
Crust   Margherita   Toppings
Gluten-free   Oven   Vegan

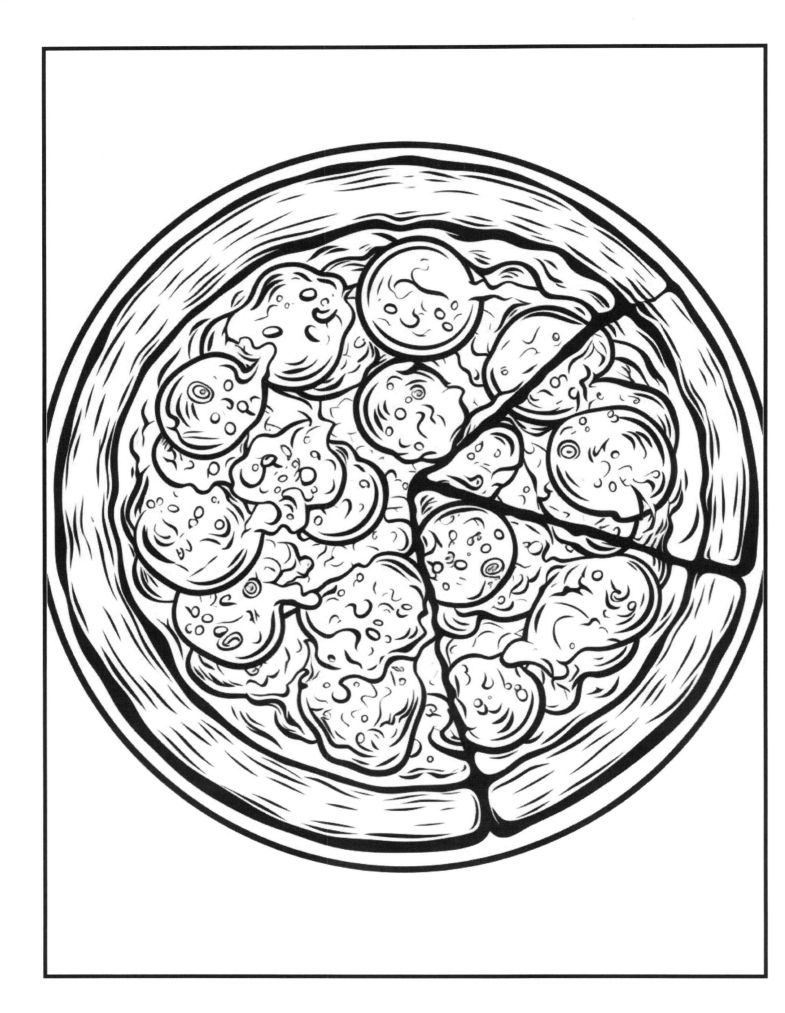

Word Scramble 2

NVEO	
RTSUC	
PTGNOSPI	
SEHECE	
PRPEONEPI	
GHIMAEATRR	
AIIAAHWN	
AEVRIANTGE	
FLTUGNREEE-	
VNGEA	

MAZE 3

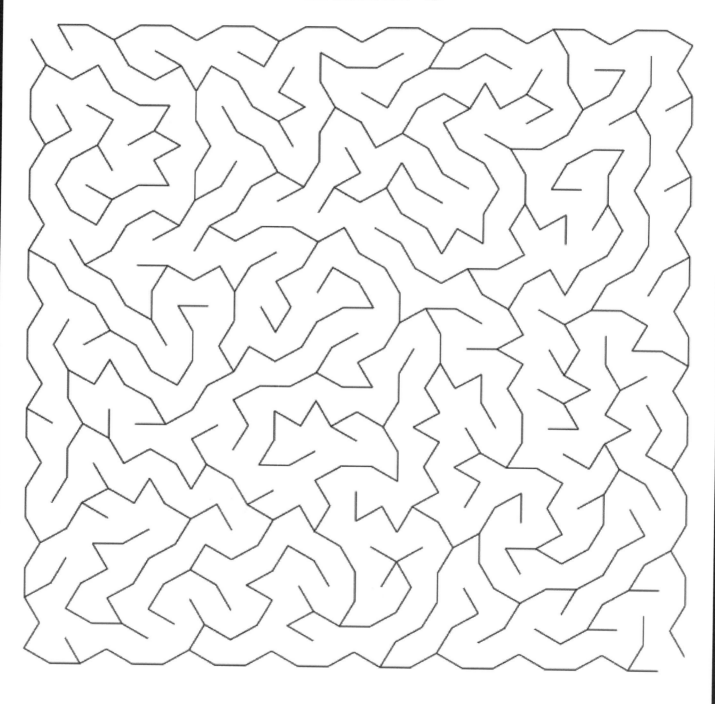

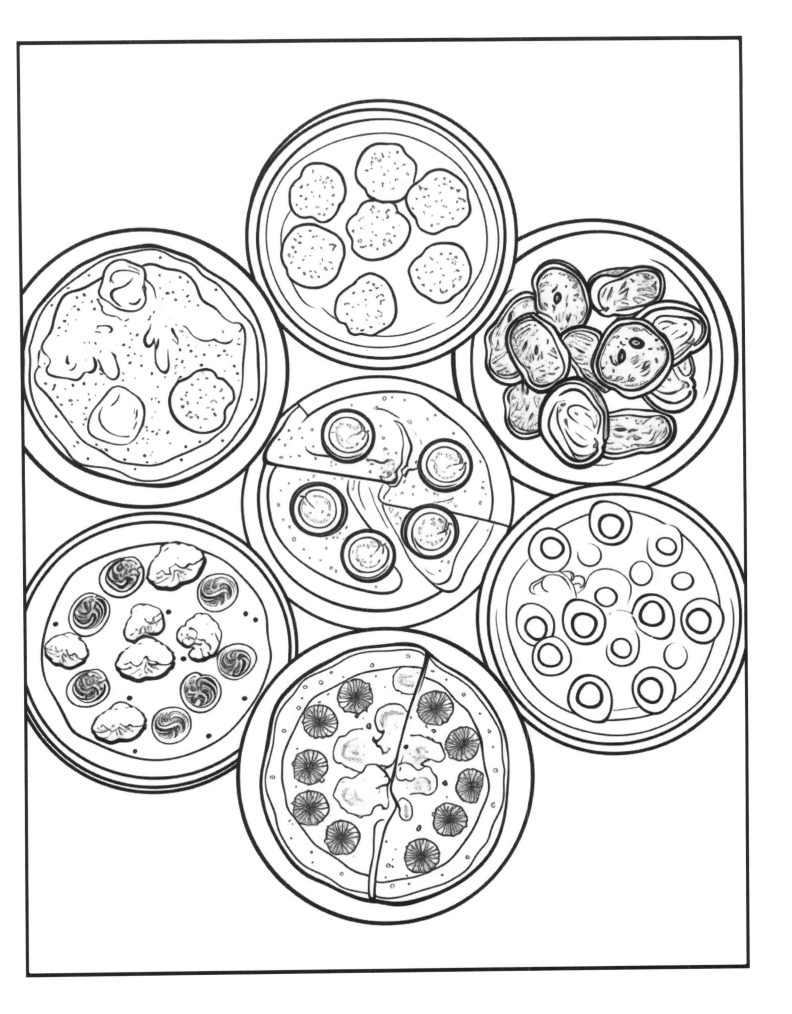

Word Scramble 3

OANELZC	
OMRTSOIBL	
RILAGC NOTSK	
SPZIEPTREA	
SDSAAL	
SPAAT	
NWADSESHIC	
EDSRSEST	
SGEVEBEAR	
OURSMHSOM	

WORD SEARCH 3

```
E  N  O  Z  L  A  C  S  D  I  I  X  H  D  W  M  A  K
D  X  S  M  V  E  R  E  L  X  S  P  H  X  G  V  P  O
S  S  O  V  A  K  S  O  D  E  B  I  J  P  I  L  P  A
T  O  C  J  L  S  B  T  H  B  L  Q  W  S  G  P  E  F
O  R  I  A  E  M  S  C  P  V  V  T  O  T  Q  V  T  Q
N  X  X  R  O  B  I  D  H  C  R  E  W  N  K  M  I  X
K  K  T  R  S  W  E  C  P  X  X  Q  B  N  B  N  Z  K
C  S  T  O  D  J  U  C  A  L  S  R  N  E  Z  O  E  M
I  S  Z  N  J  D  K  R  E  F  T  D  V  M  S  B  R  G
L  Z  A  Z  N  A  D  J  C  W  E  E  A  F  D  G  S  V
R  S  D  H  A  C  C  T  W  X  R  S  C  L  S  N  F  Z
A  A  Q  B  D  M  M  C  L  A  A  A  T  Z  A  B  R  O
G  X  G  R  B  R  P  B  G  I  J  J  W  M  S  S  W  I
F  P  X  I  D  A  K  E  X  V  H  R  F  J  T  E  V  J
G  G  N  R  R  S  H  S  M  Q  B  R  R  E  I  U  A  K  E
Z  X  M  T  F  R  T  P  W  I  Z  Z  R  R  L  Q  X  J
V  L  A  Z  F  M  N  M  J  S  R  G  E  C  G  D  T  O
O  L  M  I  L  S  M  O  O  R  H  S  U  M  U  R  D  X
```

Appetizers	Desserts	Pasta	Stromboli
Beverages	Garlic knots	Salads	
Calzone	Mushrooms	Sandwiches	

MAZE 4

GRID - 3

1		2	
	4	3	
4			3
	1		2

GRID - 4

3		1	
2		4	
	3		4
	2		1

MAZE 5

Word Scramble 4

UGSSAEA	
SOTF KSDIRN	
MDIYN-RLYIFAFEL	
OYZC	
USACLA	
HCTUNETAI	
DOTTANLIIRA	
FDDOWEIOR-	
RCIKB NEOV	
SRFEH NGRTEIDNSEI	

GRID - 3

Easy

				4	3	7		2
4	3	9	5	2	7		8	6
7		5	1	6	8	4	3	9
3	5	7		8		9		
					5	8	7	3
							4	
	9	3	4			5	6	7
5	7	1	8	3				4
	6	4		5	9	3	1	

GRID - 4

Easy

1	6			3		4		8
	9	8				2	1	3
4	3	2		1	9	7	6	
8	2	6	4		1	3	5	9
		9	5	2			8	
3	5		9				2	7
		3				9		
2	4	1		9			7	
9		5	6	4	2	8	3	

GRID - 5

	1	2	
	4		1
4			3
1		4	

GRID - 6

2			3
3	4		
		3	2
		3	1

MAZE 6

Easy

WORD SEARCH 4

N	X	G	P	I	S	S	L	C	Z	H	P	X	M	U	W	Z	K
F	E	D	U	K	J	U	M	E	U	A	D	L	M	V	S	D	M
R	X	V	V	H	E	H	S	U	D	U	I	R	W	I	T	E	U
W	A	O	O	R	Z	Z	G	H	K	T	F	E	Y	G	N	B	W
M	T	B	S	K	V	G	M	Z	C	H	F	E	L	M	E	A	Z
S	W	J	S	K	C	M	D	S	A	E	W	K	D	J	I	W	D
V	O	Q	N	O	J	I	R	O	W	N	D	R	N	L	D	P	B
K	O	O	L	N	S	W	R	L	Q	T	Q	X	E	A	E	A	K
N	D	X	L	S	S	I	H	B	J	I	D	V	I	N	R	U	A
Q	F	E	G	Q	E	N	Q	U	I	C	S	E	R	O	G	S	T
F	I	T	G	E	M	Z	M	D	P	O	P	E	F	I	N	X	D
C	R	Z	Q	A	G	M	Q	Q	X	C	L	X	Y	T	I	Z	O
A	E	N	K	D	S	D	X	E	Q	V	P	Y	L	I	H	C	K
S	D	K	J	M	L	U	Q	T	F	V	Z	V	I	D	S	O	B
U	C	I	M	B	T	S	A	H	K	O	V	Q	M	A	E	K	Z
A	U	V	V	V	V	G	L	S	C	O	P	E	A	R	R	P	G
L	Q	S	O	F	T	D	R	I	N	K	S	X	F	T	F	R	V
R	I	E	R	J	P	S	S	Z	D	N	A	E	B	Q	K	I	G

Authentic   Cozy   Sausage   Wood-fired

Brick oven   Family-friendly   Soft drinks

Casual   Fresh ingredients   Traditional

Word Scramble 5

DNSDTAEH-OS
HNIT CTRUS
EEDP ISDH
RTGOMEU
MEOSBIALZTCU
FTSA ESICREV
YDRIFENL FAFST
OHIONEHBGRDO
UTIRCS
RAMINCGH

WORD SEARCH 5

```
T  C  S  J  N  E  I  G  H  B  O  R  H  O  O  D  E  K
V  H  U  O  F  A  N  M  A  Q  I  B  O  G  Z  Z  G  H
N  O  S  F  F  P  L  P  A  U  U  S  Q  Q  X  A  R  N
I  P  U  W  A  J  L  M  H  O  Q  C  Z  O  X  F  O  E
D  K  U  H  T  U  X  J  T  H  I  N  C  R  U  S  T  I
F  M  C  V  S  M  R  U  S  T  I  C  P  O  C  U  E  I
H  P  E  K  Y  U  D  B  H  K  E  J  K  P  X  C  L  V
H  Q  F  R  L  H  S  I  D  P  E  E  D  I  H  U  B  Z
M  S  E  A  D  I  T  A  O  R  Z  B  L  A  N  P  A  Q
U  K  F  D  N  X  Z  G  X  I  G  T  R  B  K  C  Z  U
Q  O  I  W  E  M  W  N  A  L  A  M  C  H  R  Q  I  O
R  B  E  A  I  K  T  I  K  F  I  L  Z  W  R  S  M  G
S  I  C  A  R  P  T  I  E  N  U  X  E  B  E  D  O  D
M  V  X  S  F  C  T  P  G  F  A  O  L  E  U  Q  T  N
D  L  C  C  S  X  J  Z  G  Z  R  I  M  G  M  J  S  A
Q  O  E  C  I  V  R  E  S  T  S  A  F  T  D  H  U  F
M  Z  C  G  H  V  F  T  E  M  R  U  O  G  B  Z  C  A
P  S  H  M  G  Z  B  D  E  S  S  O  T  D  N  A  H  B
```

Charming	Fast service	Hand-tossed	Thin crust
Customizable	Friendly staff	Neighborhood	
Deep dish	Gourmet	Rustic	

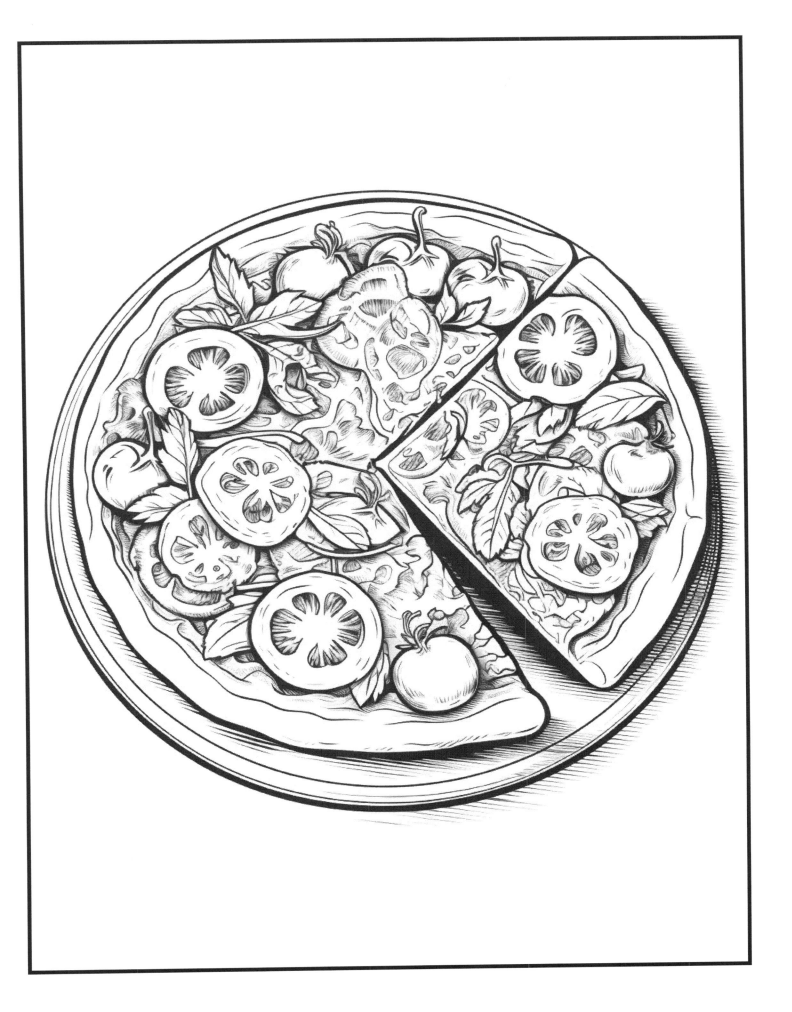

Word Scramble 6

ZIZPA	
EEHESC	
REPNOPIPE	
OTTOAM AUESC	
HGUOD	
RUCST	
SGTIPPON	
MARTRHEAIG	
HOSRMSOUM	
LSOVEI	

MAZE 7

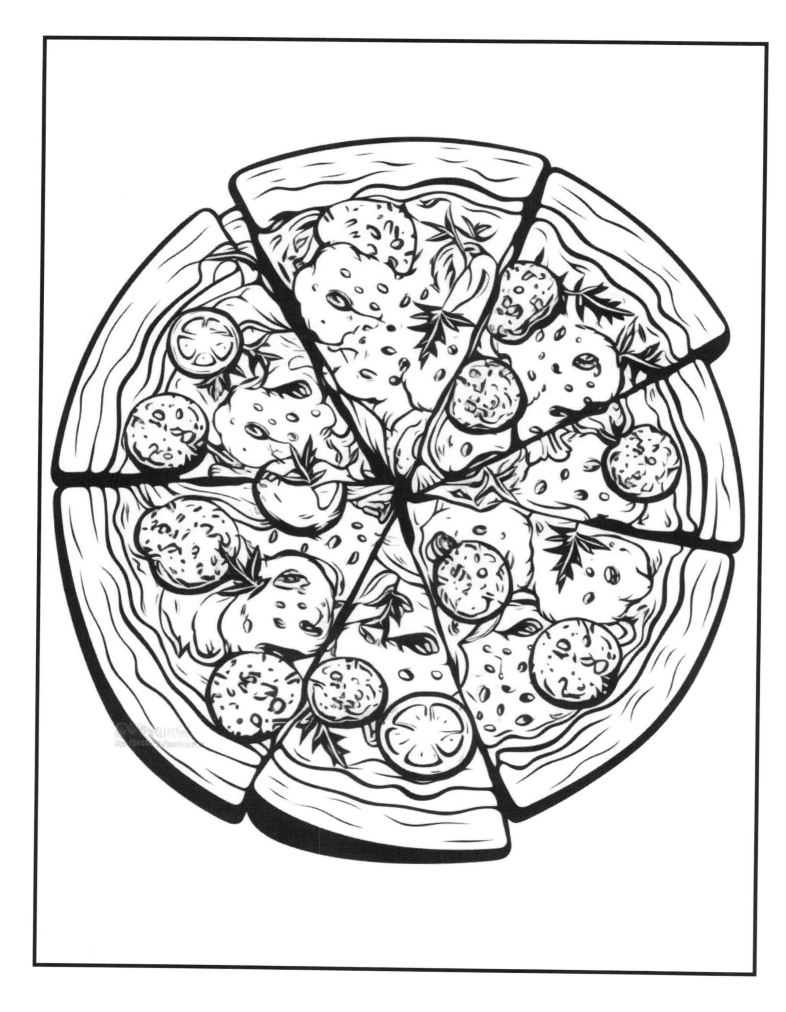

GRID - 5

	7	5				1	8	
3		1		2	8	7	6	
	4			1	9		5	3
	8	7	9	4	5	3		6
	2		6	7		8		
5	6				2		1	7
	3	2	1		6		4	8
6		4	2		7	9		1
		8		5	4	6		2

GRID - 6

5		8	6			3	1	
		1			7	5		
7		6	5	9			2	8
6	5	4	9	1	2	8	7	3
		9	3		6		5	
3	2		4		5	9	6	1
4	8	2	7			1	3	
	6	3			8	7	4	
1		5			3			9

SUASEAG	
PPPENLEAI	
CONVHSEIA	
NBOAC	
SONNOI	
EBLL PPSEPER	
RGLCIA	
SLIBA	
OORGAEN	
ZAELRAZLOM	

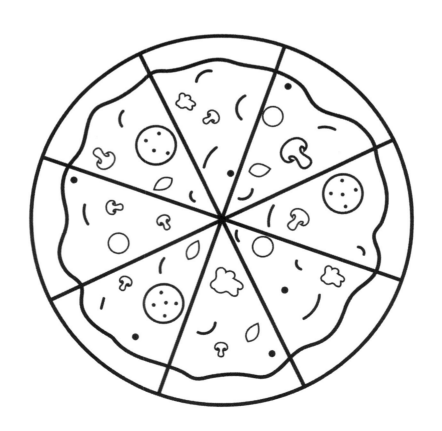

WORD SEARCH 6

```
G  E  M  P  H  U  O  F  Q  P  F  S  C  M  K  Z  E  F
T  C  V  A  K  G  X  C  T  B  T  R  V  J  N  W  W  Z
W  U  R  U  O  R  Z  E  G  H  R  M  E  M  H  O  E  I
K  A  G  J  L  Q  W  M  V  P  S  D  O  U  G  H  L  E
R  S  G  N  I  P  P  O  T  E  R  C  R  U  S  T  C  Z
F  O  E  H  V  W  H  T  Q  P  E  A  Q  O  N  S  Q  X
C  T  T  B  E  Z  O  T  Q  P  D  D  B  M  Q  X  R  F
S  A  T  S  S  V  K  P  S  E  N  W  U  M  N  J  X
K  M  G  E  Q  Z  F  W  C  R  L  J  O  J  X  X  K  W
O  O  Q  E  V  F  Q  J  X  O  U  E  G  R  H  V  T  A
O  T  E  J  T  I  K  A  L  N  Q  U  S  O  Q  R  N  R
O  D  D  W  S  T  Z  E  O  I  V  Z  J  E  S  D  C  V
P  W  R  B  E  Z  N  M  C  I  K  D  O  P  E  V  L  R
K  K  A  J  I  Q  B  X  L  A  F  V  N  M  P  H  A  X
G  F  L  P  P  P  W  B  K  W  X  I  S  H  Z  L  C  U
D  P  O  X  L  R  R  Q  T  Q  M  Q  M  I  T  I  C  D
O  W  J  E  R  V  M  A  R  G  H  E  R  I  T  A  P  D
O  X  L  S  M  O  O  R  H  S  U  M  R  H  P  H  O  P
```

Cheese	Margherita	Pepperoni	Toppings
Crust	Mushrooms	Pizza	
Dough	Olives	Tomato sauce	

MAZE 8

Easy

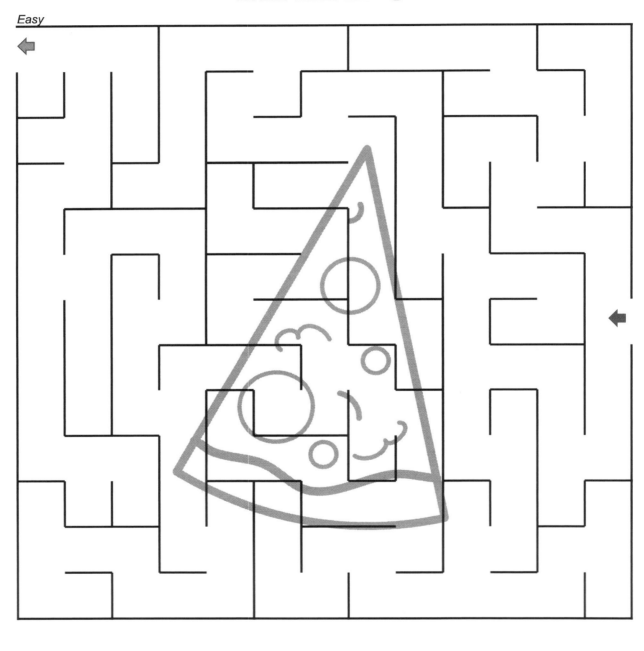

GRID - 7

	3		4
1		3	
4			3
	2	4	

GRID - 8

3		4	
	4		3
4	2		
		2	4

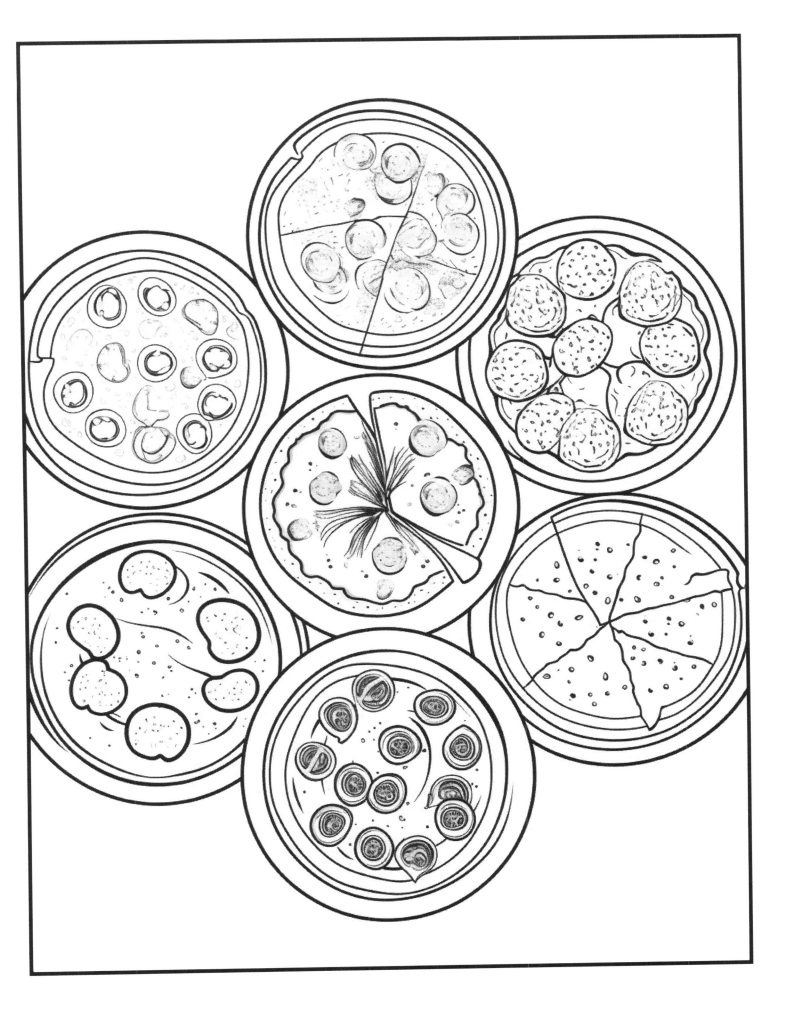

Word Scramble 8

PNMREASA	
OREONPOLV	
FATE	
ADCRDHE	
HPSNCAI	
ERCKAOHIT	
SPTEO	
IOTCART	
OGGLOANORZ	
UBECBRAE UECSA	

WORD SEARCH 7

```
U  U  K  B  K  A  S  A  A  N  C  H  O  V  I  E  S  W
C  K  X  G  V  B  O  G  E  G  A  S  U  A  S  N  X  F
G  T  Z  M  O  Z  Z  A  R  E  L  L  A  W  L  V  B  V
B  I  W  R  W  W  O  C  X  O  D  V  G  G  P  X  A  V
F  W  R  H  U  B  N  O  K  S  Z  M  T  M  M  I  L  L
G  A  G  O  N  A  G  E  R  O  J  S  O  P  V  R  G
B  E  L  L  P  E  P  P  E  R  S  N  D  R  C  R  M  S
P  Z  D  T  B  Z  O  V  S  F  O  Q  F  B  R  T  C  E
I  P  A  E  A  G  T  X  U  I  R  Z  A  C  L  N  W  R
N  B  S  N  D  G  D  F  N  R  D  C  N  W  T  Q  Z  J
E  R  C  H  R  C  A  O  P  K  O  Z  F  T  L  R  W  C
A  X  Q  G  M  Z  W  R  I  N  P  X  E  G  L  A  B  Z
P  L  M  B  N  Z  O  O  L  R  W  X  B  D  A  H  A  L
P  V  M  M  W  Z  A  V  H  I  Z  M  S  J  B  N  S  N
L  J  R  U  V  V  X  X  J  W  C  O  P  E  V  D  I  P
E  O  X  V  V  U  H  T  L  X  E  Z  J  S  T  B  L  M
R  B  I  Q  Z  T  X  D  R  L  O  I  O  I  J  U  A  G
Z  J  J  S  V  B  E  L  G  X  P  S  L  X  A  V  I  G
```

Anchovies	Bell peppers	Onions	Sausage
Bacon	Garlic	Oregano	
Basil	Mozzarella	Pineapple	

GRID - 7

Easy

1	9	6	8	4		7	2	3
	2					9	4	
3				9	6	5	1	8
			7	1		3	5	9
2	5	1		8				7
9			5		4		8	
	3	9			8		7	
7	8		9	5	1	6	3	2
6		2		7	3	8	9	

GRID - 8

Easy

		6	2	9	1	4	7	
4	2	9	3	7	6			
	3	1					6	2
9		2	6			5		7
3	1		9				2	8
5	6	7	4			3	1	9
		8	5		4		3	1
6	7		1		8	2	9	
1		3				8		6

WORD SEARCH 8

A	K	U	J	V	W	E	L	N	N	A	S	E	M	R	A	P	U
B	O	K	N	T	N	K	Q	Q	P	Z	H	T	X	L	I	I	G
R	S	G	O	R	G	O	N	Z	O	L	A	N	D	N	J	H	C
E	I	M	O	B	S	Q	G	T	D	D	I	C	T	G	R	H	N
I	H	X	N	V	R	F	A	O	T	S	E	P	J	B	E	J	L
R	Z	D	S	X	Z	H	F	S	V	I	P	Q	M	D	Q	E	H
B	V	A	A	Z	U	W	P	E	A	H	R	C	D	H	R	L	V
Q	U	R	P	N	D	I	F	R	T	L	M	A	T	A	Z	X	R
E	Q	S	D	R	N	Z	L	I	Q	A	R	H	S	A	S	E	I
X	K	D	K	A	X	T	E	O	I	M	W	W	H	H	N	F	C
Z	L	O	C	B	A	R	B	E	C	U	E	S	A	U	C	E	O
E	P	H	H	E	H	M	Q	D	B	K	J	M	J	F	K	F	T
V	M	X	A	C	E	U	P	B	A	Q	N	P	E	W	A	D	T
K	U	H	U	O	I	P	E	M	V	K	W	P	R	K	C	B	A
D	P	M	D	Q	U	T	N	L	S	I	G	T	A	B	H	M	O
H	V	C	W	S	M	G	R	M	V	T	W	X	T	X	T	E	E
F	N	P	K	C	L	H	U	A	T	W	L	I	G	P	V	K	S
V	M	O	L	P	R	O	V	O	L	O	N	E	S	F	U	K	C

Artichoke	Feta	Pesto	Spinach
Barbecue sauce	Gorgonzola	Provolone	
Cheddar	Parmesan	Ricotta	

Word Scramble 9

KCCNIHE	
AHM	
SALAIM	
JPSÑOALAE	
NFUIG	
UPOCTRTSOI	
N-DSUIRDE MESOTATO	
UGLRAUA	
SPACER	
SPARNW	

MAZE 9

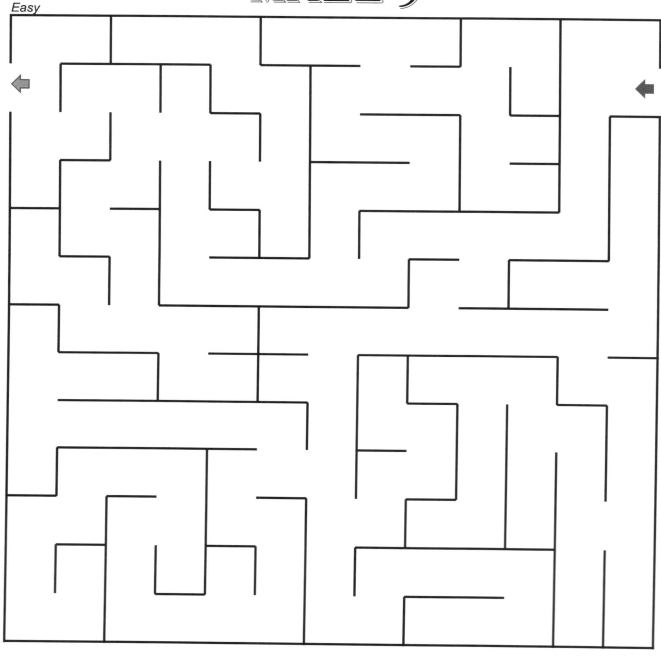

GRID - 9

3		2	
	4	1	
4			1
	3		2

GRID - 10

	3		1
4		2	
1		3	
	2		4

WORD SEARCH 9

```
P  F  X  U  A  Z  C  H  I  C  K  E  N  V  K  H  V  R
Z  F  C  S  K  O  U  M  V  E  Q  F  W  B  I  B  P  T
S  N  K  O  H  N  M  Q  P  L  P  M  I  T  F  G  J  K
E  L  A  Ñ  M  J  O  E  X  F  O  B  K  U  A  W  M  L
O  M  D  E  T  M  T  I  A  F  D  G  N  R  V  W  V  R
T  U  I  P  L  B  Q  A  X  U  K  G  U  S  U  L  R  W
A  I  O  A  P  O  K  W  L  H  I  G  B  W  I  I  F  H
M  F  T  L  S  B  F  U  J  H  U  E  O  J  D  S  C  O
O  T  T  A  A  R  S  U  T  L  W  H  N  B  K  C  C  S
T  B  U  J  L  K  E  Z  A  D  A  D  T  D  S  S  P  I
D  H  I  E  A  K  U  P  K  N  V  H  R  J  B  N  H  O
E  A  C  A  M  M  T  J  I  B  G  C  V  A  D  W  C  G
I  M  S  A  I  O  L  O  Q  Q  A  F  H  J  X  A  B  F
R  A  O  S  T  B  A  I  G  K  U  Q  U  U  E  R  B  Q
D  C  R  N  J  W  C  A  K  T  Q  D  Z  H  D  P  L  W
N  T  P  E  Q  Z  O  H  N  C  U  A  S  R  E  P  A  C
U  E  P  V  B  P  J  E  U  U  H  V  L  Q  I  H  O  I
S  H  K  L  J  X  K  I  F  Z  X  F  H  C  L  E  Q  Q
```

Arugula	Fungi	Prawns	Sun-dried tomatoes
Capers	Ham	Prosciutto	
Chicken	Jalapeños	Salami	

MAZE 10

GRID - 9

Easy

6	1	3		4			8	5
		7				4		3
5	2	4	8	1		7	6	9
	6		9	3		1	7	8
		9	1		7	5	4	6
7	5		6	8	4	3		
	4	5		9		6	2	7
	7	8	4	5		9		
3	9		2	7				4

GRID - 10

Easy

1		6		3	9	8	4	2
8	2	9	1				7	6
4			6		2	1		9
		4	9	6	1	5	2	3
	6	5		7	3		9	1
			2	4		7		
	4	8	5		6		1	7
	9		3				8	4
	1		4		8	9		

WORD SEARCH 10

H	D	X	D	E	S	E	E	H	C	T	A	O	G	A	P	A	T
Q	N	N	Q	S	S	N	Z	B	L	F	E	G	S	L	T	P	R
G	X	L	J	G	F	H	T	U	S	N	K	S	Z	F	X	W	E
V	N	G	T	G	O	P	D	F	E	W	P	X	H	R	U	H	D
D	R	P	I	S	U	C	G	F	O	K	R	E	F	E	R	I	O
D	K	P	H	Q	R	E	R	A	T	I	E	V	J	D	W	X	N
W	B	U	W	A	C	U	R	L	A	F	F	W	Z	O	A	E	I
L	B	I	Z	P	H	G	H	O	M	I	N	R	U	S	G	E	O
F	Q	H	O	P	E	G	F	C	O	I	R	E	E	A	O	Q	N
B	C	Q	M	X	E	I	K	H	T	X	P	L	S	U	A	M	S
V	H	K	C	H	S	O	E	I	H	Q	T	R	S	C	G	A	O
K	I	D	O	F	E	F	N	C	S	R	N	J	R	E	M	W	K
A	C	Z	D	J	K	N	I	K	E	G	A	J	E	O	E	I	T
G	K	J	Z	X	T	E	L	E	R	T	L	F	P	M	T	N	A
N	E	D	N	G	W	H	F	N	F	P	P	N	P	E	X	H	L
L	N	R	I	N	S	A	U	W	T	Q	G	R	E	N	R	O	K
D	O	V	E	G	G	I	E	E	O	O	G	B	P	U	F	P	Z
S	R	G	U	C	F	T	M	U	H	E	E	X	F	O	X	K	Q

Alfredo sauce	Eggplant	Goat cheese	Veggie
BBQ chicken	Four cheese	Peppers	
Buffalo chicken	Fresh tomatoes	Red onions	

Word Scramble 10

TOGA ECEEHS	
DRE NISONO	
HFESR SOATOEMT	
QBB IHNKECC	
RUOF HEEESC	
GGEEIV	
LFBOAFU HIECNKC	
GATELGPN	
RFLAOED AUESC	
PPRESEP	

Solutions

GRID - 1 (Solution)

2	1	3	4
3	4	2	1
4	2	1	3
1	3	4	2

GRID - 2 (Solution)

1	2	3	4
3	4	1	2
2	1	4	3
4	3	2	1

GRID - 3 (Solution)

1	3	2	4
2	4	3	1
4	2	1	3
3	1	4	2

GRID - 4 (Solution)

3	4	1	2
2	1	4	3
1	3	2	4
4	2	3	1

GRID - 5 (Solution)

3	1	2	4
2	4	3	1
4	2	1	3
1	3	4	2

GRID - 6 (Solution)

2	1	4	3
3	4	1	2
1	3	2	4
4	2	3	1

GRID - 7 (Solution)

2	3	1	4
1	4	3	2
4	1	2	3
3	2	4	1

GRID - 8 (Solution)

3	1	4	2
2	4	1	3
4	2	3	1
1	3	2	4

GRID - 9 (Solution)

3	1	2	4
2	4	1	3
4	2	3	1
1	3	4	2

GRID - 10 (Solution)

2	3	4	1
4	1	2	3
1	4	3	2
3	2	1	4

GRID - 1 (Solution)

Easy

9	8	6	1	7	5	3	2	4
5	1	7	3	4	2	6	8	9
2	3	4	9	8	6	7	5	1
7	2	3	5	6	1	4	9	8
1	5	9	8	3	4	2	7	6
6	4	8	7	2	9	5	1	3
4	6	1	2	5	8	9	3	7
8	7	2	6	9	3	1	4	5
3	9	5	4	1	7	8	6	2

GRID - 2 (Solution)

Easy

3	9	6	5	7	8	4	2	1
4	1	2	3	9	6	8	5	7
7	8	5	1	2	4	3	9	6
8	3	4	6	5	1	9	7	2
6	7	9	8	3	2	5	1	4
2	5	1	7	4	9	6	3	8
5	4	8	9	1	7	2	6	3
9	2	7	4	6	3	1	8	5
1	6	3	2	8	5	7	4	9

GRID - 3 (Solution)

Easy

6	1	8	9	4	3	7	5	2
4	3	9	5	2	7	1	8	6
7	2	5	1	6	8	4	3	9
3	5	7	6	8	4	9	2	1
1	4	6	2	9	5	8	7	3
9	8	2	3	7	1	6	4	5
8	9	3	4	1	2	5	6	7
5	7	1	8	3	6	2	9	4
2	6	4	7	5	9	3	1	8

GRID - 4 (Solution)

Easy

1	6	7	2	3	5	4	9	8
5	9	8	7	6	4	2	1	3
4	3	2	8	1	9	7	6	5
8	2	6	4	7	1	3	5	9
7	1	9	5	2	3	6	8	4
3	5	4	9	8	6	1	2	7
6	8	3	1	5	7	9	4	2
2	4	1	3	9	8	5	7	6
9	7	5	6	4	2	8	3	1

GRID - 5 (Solution)

Easy

2	7	5	4	6	3	1	8	9
3	9	1	5	2	8	7	6	4
8	4	6	7	1	9	2	5	3
1	8	7	9	4	5	3	2	6
4	2	3	6	7	1	8	9	5
5	6	9	8	3	2	4	1	7
7	3	2	1	9	6	5	4	8
6	5	4	2	8	7	9	3	1
9	1	8	3	5	4	6	7	2

GRID - 6 (Solution)

Easy

5	9	8	6	2	4	3	1	7
2	4	1	8	3	7	5	9	6
7	3	6	5	9	1	4	2	8
6	5	4	9	1	2	8	7	3
8	1	9	3	7	6	2	5	4
3	2	7	4	8	5	9	6	1
4	8	2	7	6	9	1	3	5
9	6	3	1	5	8	7	4	2
1	7	5	2	4	3	6	8	9

GRID - 7 (Solution)

Easy

1	9	6	8	4	5	7	2	3
8	2	5	1	3	7	9	4	6
3	4	7	2	9	6	5	1	8
4	6	8	7	1	2	3	5	9
2	5	1	3	8	9	4	6	7
9	7	3	5	6	4	2	8	1
5	3	9	6	2	8	1	7	4
7	8	4	9	5	1	6	3	2
6	1	2	4	7	3	8	9	5

GRID - 8 (Solution)

Easy

8	5	6	2	9	1	4	7	3
4	2	9	3	7	6	1	8	5
7	3	1	8	4	5	9	6	2
9	8	2	6	1	3	5	4	7
3	1	4	9	5	7	6	2	8
5	6	7	4	8	2	3	1	9
2	9	8	5	6	4	7	3	1
6	7	5	1	3	8	2	9	4
1	4	3	7	2	9	8	5	6

GRID - 9 (Solution)

Easy

6	1	3	7	4	9	2	8	5
9	8	7	5	6	2	4	1	3
5	2	4	8	1	3	7	6	9
4	6	2	9	3	5	1	7	8
8	3	9	1	2	7	5	4	6
7	5	1	6	8	4	3	9	2
1	4	5	3	9	8	6	2	7
2	7	8	4	5	6	9	3	1
3	9	6	2	7	1	8	5	4

GRID - 10 (Solution)

Easy

1	5	6	7	3	9	8	4	2
8	2	9	1	5	4	3	7	6
4	7	3	6	8	2	1	5	9
7	8	4	9	6	1	5	2	3
2	6	5	8	7	3	4	9	1
9	3	1	2	4	5	7	6	8
3	4	8	5	9	6	2	1	7
5	9	2	3	1	7	6	8	4
6	1	7	4	2	8	9	3	5

MAZE 1

MAZE 2

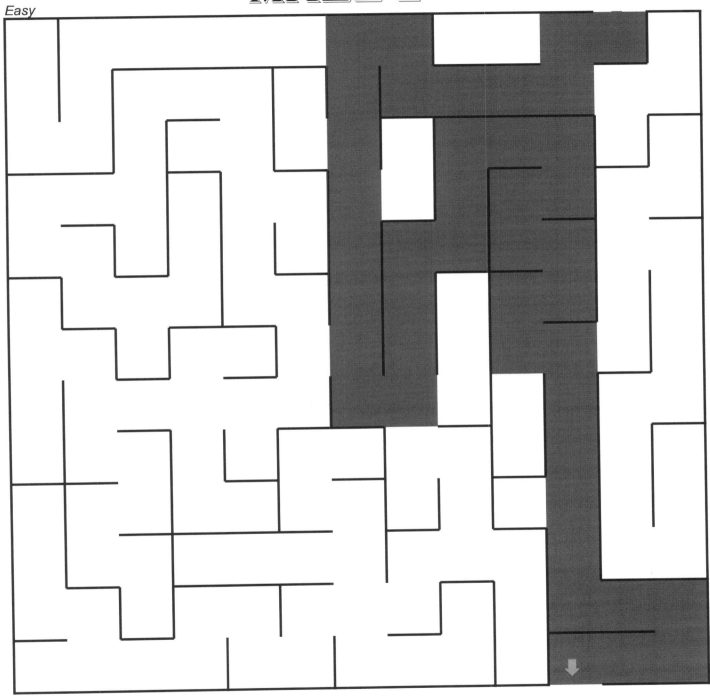

MAZE 3

MAZE 4

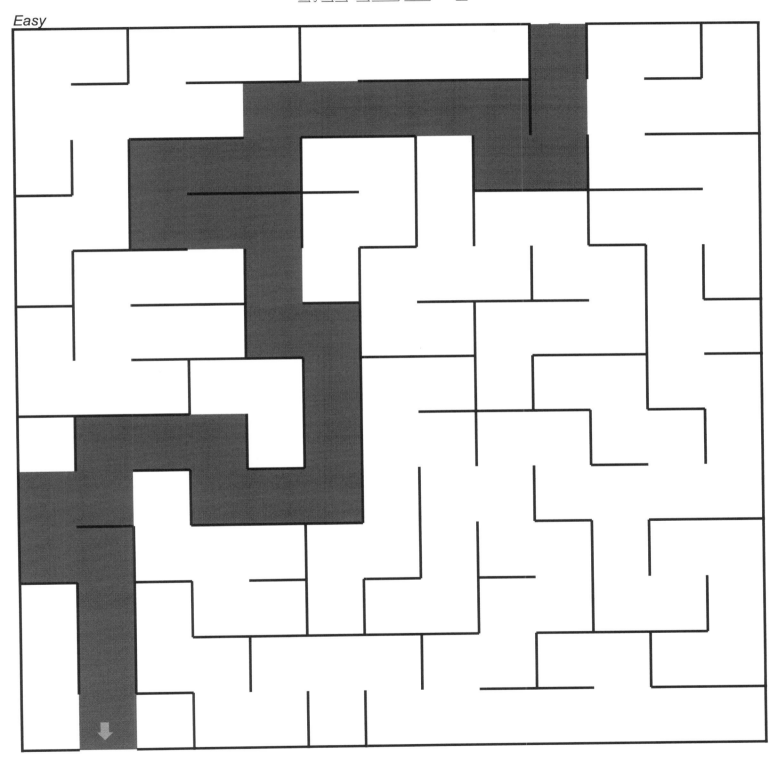

MAZE 5

MAZE 6

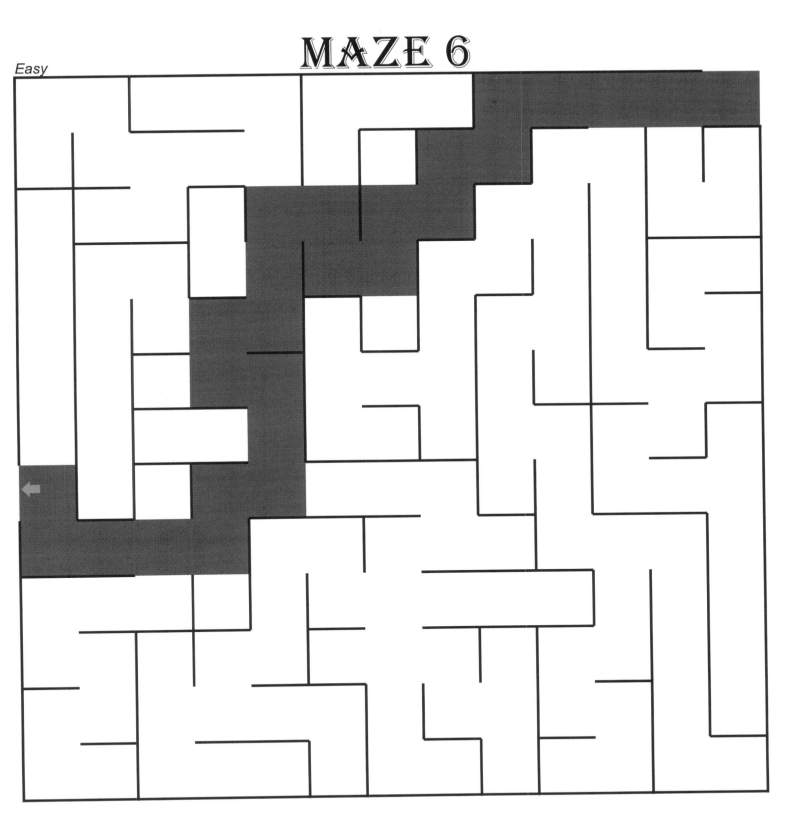

MAZE 7

MAZE 8

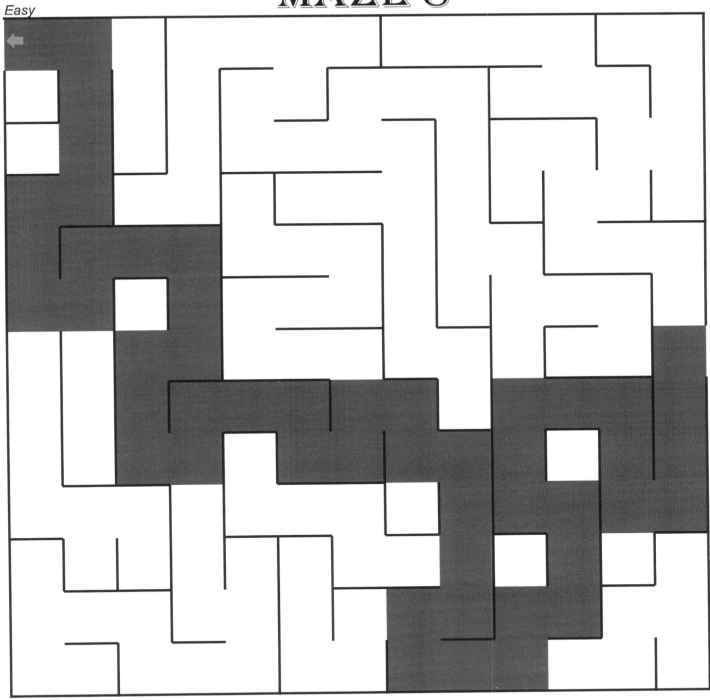

MAZE 9

Easy

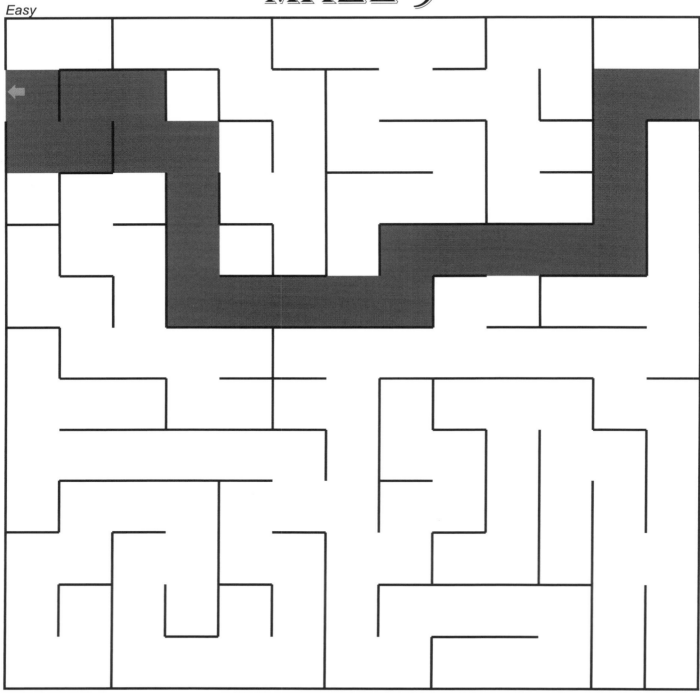

MAZE 10

WORD SEARCH 1 (Solution)

```
                                    D
                                    E
                                  L
                                I
        T  U  O  E  K  A  T  V
                          E  S
                          R        L
    T                  Y  A        A
      N                    I        I
        A        F        R        C
          R      E        E        E
            U    H    S        Z        P
D  I  N  E  I  N    A  L  C        Z              S
            I    T              I      A
          C        S          P    Z
        E              E  U  N  E  M  Z
                    R              I
                                   P
```

Chef

Menu

Restaurant

Takeout

Delivery

Pizza

Slice

Dine-in

Pizzeria

Specials

WORD SEARCH 2 (Solution)

```
                    I   N   O   R   E   P   P   E   P
N   A   I   I   A   W   A   H
                    C                                                               N
                H                                                                   N
            E   E   R   F   N   E   T   U   L   G   O   V   E   N   A
            E       M                                                               A
        S           A                                                               I
E   T               R                                                               R
        O           G                                       C                       A
        P           H                               R                               T
        P           E                           U                                   E
        I           R                       S                                       G
        N           I                   T                                           E
        G           T                                                               V
        S           A
                            N   A   G   E   V
```

Cheese	Hawaiian	Pepperoni	Vegetarian
Crust	Margherita	Toppings	
Gluten-free	Oven	Vegan	

WORD SEARCH 3 (Solution)

```
E   N   O   Z   L   A   C       D   I                           A

                        E   L       S                           P

S                   S   O       E                               P

T                   S   B       H                               E

O               E   M       C                                   T

N           R   O       I                                       I

K       T   R       W                                   B       Z

C   S   T   D                       S           E               E

I   S       N                           D   V                   R

L       A                               E   A                   S

R   S                           R           L

A                       A                       A

G               P       G                               S

            A       E

        S       S

    T

A

            S   M   O   O   R   H   S   U   M
```

Appetizers	Desserts	Pasta	Stromboli
Beverages	Garlic knots	Salads	
Calzone	Mushrooms	Sandwiches	

WORD SEARCH 4 (Solution)

```
N
    E                               A                           S
        V                           U                           T
            O                       T               Y           N
                K                   H               L           E
        W               C           E               D           I
        O                   I       N               N   L       D
        O                       R   T               E   A       E
        D                   B       I               I   N       R
        F   E                       C               R   O       G
        I       G                                   F   I       N
C       R               A                           Y   T       I
A       E               S                   Y       L   I       H
S       D                   U                   Z   I   D       S
U                       A               O           M   A       E
A                           S   C                   A   R       R
L       S   O   F   T   D   R   I   N   K   S       F   T       F
```

Authentic   Cozy   Sausage   Wood-fired

Brick oven   Family-friendly   Soft drinks

Casual   Fresh ingredients   Traditional

WORD SEARCH 5 (Solution)

```
            N   E   I   G   H   B   O   R   H   O   O   D
            F
            F
            A
            T           T   H   I   N   C   R   U   S       T
            S       R   U   S   T   I   C                   E
            Y                                       C       L
            L   H   S   I   D   P   E   E   D       H       B
            D                                   A           A
            N                               R               Z
            E                           M                   I
            I                       I                       M
            R                   N                           O
            F               G                               T
                                                            S
    E   C   I   V   R   E   S   T   S   A   F               U
                        T   E   M   R   U   O   G           C
                        D   E   S   S   O   T   D   N   A   H
```

Charming	Fast service	Hand-tossed	Thin crust
Customizable	Friendly staff	Neighborhood	
Deep dish	Gourmet	Rustic	

WORD SEARCH 6 (Solution)

```
E
C
U           O
A           L                   P       D O U G H
S G N   I   P   P O T E       C R U S T
O           V                   P
T           E                   P
A           S                   E
M                               R
O                               O       E
T                   A           N       S
                Z           I       E
            Z                       E
        I                       H
    P                       C
            M A R G H E R I T A
        S M O O R H S U M
```

Cheese
Crust
Dough

Margherita
Mushrooms
Olives

Pepperoni
Pizza
Tomato sauce

Toppings

WORD SEARCH 7 (Solution)

```
                        A   N   C   H   O   V   I   E   S
                        E   G   A   S   U   A   S
            M   O   Z   Z   A   R   E   L   L   A
            O   N   A   G   E   R   O           S
    B   E   L   L   P   E   P   P   E   R   S   N
    P                               O           B
    I                               I           A
    N               G               N       C
    E               A   O           O
    A               R   N                       B
    P                   L                       A
    P                   I                       S
    L                   C                       I
    E                                           L
```

Anchovies   Bell peppers   Onions   Sausage
Bacon   Garlic   Oregano
Basil   Mozzarella   Pineapple

WORD SEARCH 8 (Solution)

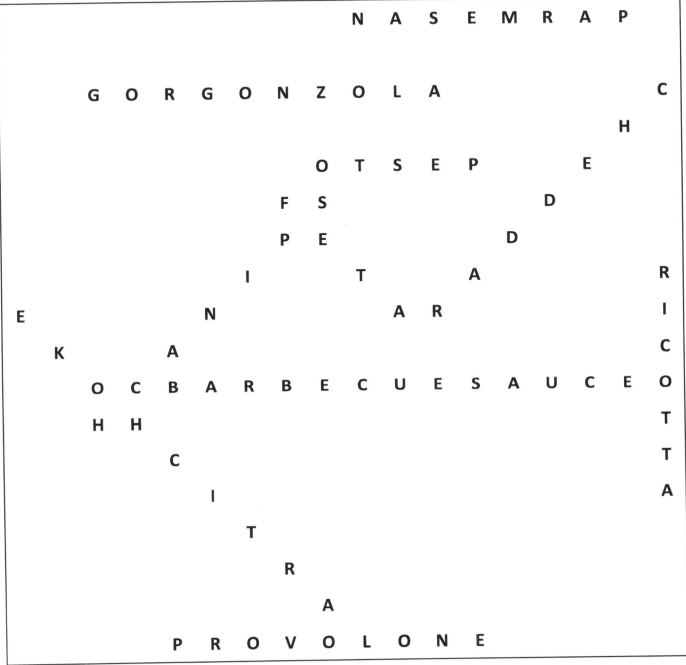

```
                                    N A S E M R A P
           G O R G O N Z O L A                       C
                                               H
                         O T S E P        E
                       F S              D
                       P E           D
                       I         T     A              R
       E             N         A R                    I
         K         A                                  C
           O C B A R B E C U E S A U C E              O
           H H                                        T
             C                                        T
             I                                        A
             T
               R
                 A
           P R O V O L O N E
```

Artichoke   Feta   Pesto   Spinach

Barbecue sauce   Gorgonzola   Provolone

Cheddar   Parmesan   Ricotta

WORD SEARCH 9 (Solution)

```
                        C   H   I   C   K   E   N

              S
S             O                                           F
E             Ñ                               U       A
O             E                           N   R
T             P                       G   U
A       O     A                       I   G
M       T     L   S                   U
O       T     A   A               L
T       U     J   L           A                       S
D   H   I     A                                       N
E   A   C     M                                       W
I   M   S     I                                       A
R       O                                             R
D       R                                             P
N       P                     S   R   E   P   A   C
U
S
```

Arugula   Fungi   Prawns   Sun-dried tomatoes

Capers   Ham   Prosciutto

Chicken   Jalapeños   Salami

WORD SEARCH 10 (Solution)

```
            E   S   E   E   H   C   T   A   O   G   A
                            B                   L           R
                F           U   S                   F           E
                O           F   E                   R           D
                U           F   O                   E           O
                R           A   T                   D           N
    B           C           L   A                   O           I
    B           H           O   M                   S           O
    Q           E           C   O                   A           N
    C           E           H   T                   U           S
    H           S           I   H       T       S   C
    I           E           C   S       N       R   E
    C                       K   E       A       E
    K                       E   R       L       P
    E                       N   F       P       P
    N                                   G       E
        V   E   G   G   I   E           G       P
                                        E
```

Alfredo sauce   Eggplant   Goat cheese   Veggie

BBQ chicken   Four cheese   Peppers

Buffalo chicken   Fresh tomatoes   Red onions

Word Scramble 1 (Solution)

PZAZI	**Pizza**
TSUNRAREAT	**Restaurant**
RZPIEZAI	**Pizzeria**
EICLS	**Slice**
ERIVLYDE	**Delivery**
UTTAKEO	**Takeout**
NEIIN-D	**Dine-in**
EUNM	**Menu**
LCISSAPE	**Specials**
CFHE	**Chef**

Word Scramble 2 (Solution)

NVEO	Oven
RTSUC	Crust
PTGNOSPI	Toppings
SEHECE	Cheese
PRPEONEPI	Pepperoni
GHIMAEATRR	Margherita
AIIAAHWN	Hawaiian
AEVRIANTGE	Vegetarian
FLTUGNREEE-	Gluten-free
VNGEA	Vegan

Word Scramble 3 (Solution)

OANELZC	Calzone
OMRTSOIBL	Stromboli
RILAGC NOTSK	Garlic knots
SPZIEPTREA	Appetizers
SDSAAL	Salads
SPAAT	Pasta
NWADSESHIC	Sandwiches
EDSRSEST	Desserts
SGEVEBEAR	Beverages
OURSMHSOM	Mushrooms

Word Scramble 4 (Solution)

UGSSAEA	**Sausage**
SOTF KSDIRN	**Soft drinks**
MDIYN-RLYIFAFEL	**Family-friendly**
OYZC	**Cozy**
USACLA	**Casual**
HCTUNETAI	**Authentic**
DOTTANLIIRA	**Traditional**
FDDOWEIOR-	**Wood-fired**
RCIKB NEOV	**Brick oven**
SRFEH NGRTEIDNSEI	**Fresh ingredients**

Word Scramble 5 (Solution)

DNSDTAEH-OS	**Hand-tossed**
HNIT CTRUS	**Thin crust**
EEDP ISDH	**Deep dish**
RTGOMEU	**Gourmet**
MEOSBIALZTCU	**Customizable**
FTSA ESICREV	**Fast service**
YDRIFENL FAFST	**Friendly staff**
OHIONEHBGRDO	**Neighborhood**
UTIRCS	**Rustic**
RAMINCGH	**Charming**

Word Scramble 6 (Solution)

ZIZPA	Pizza
EEHESC	Cheese
REPNOPIPE	Pepperoni
OTTOAM AUESC	Tomato sauce
HGUOD	Dough
RUCST	Crust
SGTIPPON	Toppings
MARTRHEAIG	Margherita
HOSRMSOUM	Mushrooms
LSOVEI	Olives

Word Scramble 7 (Solution)

SUASEAG	**Sausage**
PPPENLEAI	**Pineapple**
CONVHSEIA	**Anchovies**
NBOAC	**Bacon**
SONNOI	**Onions**
EBLL PPSEPER	**Bell peppers**
RGLCIA	**Garlic**
SLIBA	**Basil**
OORGAEN	**Oregano**
ZAELRAZLOM	**Mozzarella**

Word Scramble 8 (Solution)

PNMREASA	**Parmesan**
OREONPOLV	**Provolone**
FATE	**Feta**
ADCRDHE	**Cheddar**
HPSNCAI	**Spinach**
ERCKAOHIT	**Artichoke**
SPTEO	**Pesto**
IOTCART	**Ricotta**
OGGLOANORZ	**Gorgonzola**
UBECBRAE UECSA	**Barbecue sauce**

Word Scramble 9 (Solution)

KCCNIHE	**Chicken**
AHM	**Ham**
SALAIM	**Salami**
JPSÑOALAE	**Jalapeños**
NFUIG	**Fungi**
UPOCTRTSOI	**Prosciutto**
N-DSUIRDE MESOTATO	**Sun-dried tomatoes**
UGLRAUA	**Arugula**
SPACER	**Capers**
SPARNW	**Prawns**

Word Scramble 10 (Solution)

TOGA ECEEHS	**Goat cheese**
DRE NISONO	**Red onions**
HFESR SOATOEMT	**Fresh tomatoes**
QBB IHNKECC	**BBQ chicken**
RUOF HEEESC	**Four cheese**
GGEEIV	**Veggie**
LFBOAFU HIECNKC	**Buffalo chicken**
GATELGPN	**Eggplant**
RFLAOED AUESC	**Alfredo sauce**
PPRESEP	**Peppers**